HUNT EMERSON & TYM MANLEY

Traductions: CHRISTIANE KADDOUR

FIRKIN

SI LES TROUS DU CUL VOLAIENT...

PSIKOPAT

la Version
FIRKIN
SEX APPEAL
COMMENT S'EN SERVIR
HUNT EMERSON & TYM MANLEY
MOUILLEZ LES CHEVEUX
SEX APPEAL
ON DIT QU'AVEC DU SEX APPEAL, ON PEUT TOUT AVOIR... REGARDEZ-LÀ PASSER SON PERMIS-ELLE N'A JAMAIS CONDUIT...
AUTO·ÉCOLE DE ROUTIERS
...MAIS ELLE CONNAÎT LA PROCÉDURE... D'ABORD-AJUSTER LE SIÈGE!
ENSUITE-ATTACHER LA CEINTURE!
PUIS ELLE LANCE L'OPÉRATION CHARME...
JE SUIS UN PEU TIMIDE, CHOU... J'ESPÈRE QUE TU VAS TROUVER UN COIN TRANQUILLE POUR M'EXAMINER...
CHUIS MORT DE TROUILLE
MOI AUSSI
SCREEEECH!
ELLE SE MET EN PRISE...
PRISE!
PRISE!!
...AVEC LE LEVIER DE VITESSES...
2 3 R
1 4
...UN COUP DE STARTER...
BLAG!

ELLE ESSAYE LE DEMI-TOUR EN TROIS TEMPS...
UN!
DEUX!
TROIS!
...ET AVANT LA MARCHE ARRIÈRE, ELLE REGARDE AUTOUR D'ELLE...
EEK!!
L'ARRÊT D'URGENCE...
OH MON DIEU!
QUE VA DIRE MON MARI?
AUTO-ECOLE
-OUCH! -TENTION TES PIEDS!
OOF!
...LE DÉPART D'URGENCE!
KLANG
POLICE
AÏEE! LÀ, ON EST DANS LA MERDE!
AU MOINS, J'AI EU MON PERMIS DE CONDUIRE!
QUE TU CROIS! TU AURAIS DÛ ME LE SOUTIRER AVANT TON PETIT MANÈGE!
ENFOIRÉ!
CERTIFICAT DE RATAGE DU PERMIS DE CONDUIRE
Résumé des fautes:
-Mise en prise hesitante.
-Passage de vitesses brutal.
-Pas assez de starter.
-Klaxon abusif.
-trois-temps maladroit.
-Suspension-OK.
-Conduite-rebondie.
RÉUSSI
RATÉ
Signé
Examinateur.
ET QU'APPREND-ON SUR LE SEX APPEAL DANS TOUTE CETTE HISTOIRE?
"IL NE FAUT PAS VENDRE LA PEAU DE L'OURS AVANT QU'IL N'AIT SIGNÉ!"
CiiAAOOO!!

firkin
...MAIS SEURAT, BIEN SÛR, A INSTILLÉ UNE RIGIDITÉ DES FORMES DANS SON POINTILLISME....
MON DIEU- SA SEIGNEURIE EST ENCORE DANS SA PÉRIODE CRITIQUE D'ART...
HUNT EMERSON and TYM MANLEY ©94
TRADO: CHRIS -K-
...TANDIS QUE MATISSE, LUI DE SON CÔTÉ- GLOU-GLOU-GLOU-OUPS!
HMMM... OUI ... MM...
...BRAQUE ET PICASSO, BIEN SÛR, ONT FORMALISÉ L'ESTHÉTIQUE DU CUBE... Blablabla...
QUELLE PERSPICACITÉ!
OK-QUI ÊTES VOUS?
OUPS euh SALUT! JE SUIS LE CRITIQUE D'ART VENTRILOQUE DE SA SEIGNEURIE!
ELLE AIME SE FAIRE PASSER POUR UNE SORTE D'EXPERT EN ART MAIS ELLE N'Y CONNAIT RIEN! JE SUIS DONC EMPLOYÉ À PARLER POUR ELLE... JE PROJETTE MA VOIX, TU VOIS?
WHO'S WHO
ART
HISTORY OF ART
MODERN ART
ET BIEN SÛR JE LUI LÈCHE LE CUL QUAND JE REÇOIS LE SIGNAL... ET TIENS, LE VOILA!
BZZZT
EASY PAINTERS
CUBISM
YABBLE YIBBLEYAB WIBBLEYIB YABBLE!!
LAP LAP LAP SHLUP
F177-A
MOI, À TA PLACE, JE ME FERAIS UN MAX DE BLÉ!
PFUIT ET COMMENT FERAIS-TU?
CHANTAGE!

CHANTAGE?
OUAIS... ÉCOUTE...
SSPSPSSSPSSM...
ET DONC...
LE MAIRE, VOTRE SEIGNEURIE...
CHARMÉE... BON SANG, VOUS ÊTES UN SACRÉ GROS CON, PAS VRAI? JE S'POSE QUE VOUS ÊTES OBLIGÉ DE BANDER RIEN QUE POUR MAINTENIR VOTRE VENTRE EN PLACE!
QUELLE HARDIESSE RAFRAÎCHISSANTE!
COMME C'EST EMBARASSANT! POURQUOI M'AVOIR FAIT DIRE ÇA?
ET ÇA VA ÊTRE PIRE! A MOINS QUE VOUS NE ME DONNIEZ 10,000 FF JE VOUS FERAIS INSULTER TOUS LES NOTABLES QUE VOUS RENCONTREREZ!
MAIS SA SEIGNEURIE NE SE LAISSE PAS FAIRE!
PARKER - RETIREZ CETTE PLAQUE D'ÉGOÛT!
OUI, MADAME...
DEHORS, MAÎTRE-CHANTEUR, DEHORS!!
FIRKIN AGIT RAPIDEMENT...
C'ÉTAIT JUSTE!
VENGEANCE!
ET ARRIVE LE MOMENT OÙ SA SEIGNEURIE DOIT DÉLIVRER SON DISCOURS POMPEUX AUX CONNARDS RUPINS DE LA GARDEN-PARTY!
...ET POUR FINIR, JE VOUDRAIS VOUS DIRE QUE J'EN AI RAS LE BOL DE VOUS, COUILLES MOLLES D'ARISTOS, QUI BAVASSEZ AUTOUR DE MOI QUAND JE SAIS QUE TOUT CE QUE VOUS VOULEZ, C'EST VOIR MON CUL!
MERDE! J'AI TOUJOURS CE NAIN ENTRE LES JAMBES!
VAS-Y, RELÈVE!
ET BIEN, FIRKIN, C'ÉTAIT UNE FRANCHE RIGOLADE MAIS ON N'A RIEN GAGNÉ...
T'INQUIÈTE, Y'A TOUJOURS LE PLAN B!
YOUPLAAAA!!!
COUCOU, C'EST SA SEIGNEURIE!
PLAN B?
AH, FIRKIN! BIEN JOUÉ, CAMARADE! ÇA FAIT DES MOIS QUE J'ESSAYE D'AVOIR UNE PHOTO DU CUL DE MA FEMME! 10,000 FF, C'EST ÇA?...
VOUS ÊTES UN GENTLEMAN, VOTRE SEIGNEURIE!
CIAOOO!!
F177-B

FIRKIN
HUNT EMERSON & TYM MANLEY ©94
TRADO: CHRISTIANE K
VOICI LE TEMPS JOLI OÙ TOUTES LES CHATTES HUMIDES DU PAYS S'ENTRAÎNENT POUR LA SAISON DES AMOURS! MAIS VOUS, ÊTES-VOUS PRÊT?
SKWISH SKWISH
SKWISH SKWISH
DANS QUEL ÉTAT EST TON NOEUD, BERNARD?
JE NE SAIS PAS, FIRKIN...
ET BIEN VOUS DEVRIEZ SAVOIR DANS QUEL ÉTAT IL EST! PAR EXEMPLE, S'IL EST DANS L'ÉTAT DE CALIFORNIE, ÇA POURRAIT ÊTRE GÊNANT POUR LE COÏT! ALORS — CONTRÔLEZ MAINTENANT!
Hé-c'est un 6 pieds?
Non, il ne fait pas plus de 15cm
gag de surf, désolé!
BON ALORS, JETONS UN COUP D'OEIL...
OK
OH, PUTAIN DE MERDE! QUELLE HONTE! Pfouark!!
VOYONS CE QUE DIT LE MANUEL..."LE NOEUD PARFAIT DOIT FAIRE 18,63 CMS, AVOIR UNE HAMPE DROITE ET ROSÉE ET UN CASQUE CRAMOISI"
HMM...
HAYNES CARE AND MAINTENANCE OF THE KNOB
EST-CE QU'IL DIT COMMENT AVOIR UN CASQUE CRAMOISI?
OUAIS-ON FAIS ÇA-
AGONIE
RIP
WAK
SPLUDD
WHOP
WAP
F185-A

MAINTENANT POUR LA HAMPE DROITE ET ROSÉE, LE MIEUX C'EST UN PETIT TRAVAIL MANUEL DE SHARON QUE VOICI...
Et bien... ça a l'air mieux que le truc du casque cramoisi...
...AVEC UNE POIGNÉE DE SABLE!
CAAWKZ!
ARRÊTE, SHARON!
CE TRAITEMENT PEUT RÉDUIRE TON PÉNIS À L'ÉTAT DE MOIGNON EN QUELQUES SECONDES... ON DIRAIT QU'ON A ARRÊTÉ JUSTE À TEMPS!
BON SANG! IL EST MINUSCULE! QUE DIT LE MANUEL SUR LA LONGUEUR?
IL DEVRAIT FAIRE 18,63cms — MAIS NE T'INQUIÈTE PAS — IL Y A TOUTES LES INSTRUCTIONS POUR LA RESTAURATION DE LA TAILLE! IL FAUT UNE CORDE, UNE PAIRE DE CISEAUX ET UN IMMEUBLE TRÈS HAUT...
CORDE... CISEAUX... ADRESSE D'UN IMMEUBLE TRÈS HAUT... OK — ON Y VA!
ET AINSI...
ÇA FAIT UNE HEURE QUE JE SUIS PENDU ET IL N'A PAS GRANDI D'UN CENTIMÈTRE!
DANS CE CAS, LE MANUEL DIT DE COUPER LA CORDE!
EST-CE QUE ÇA VA FAIRE GRANDIR MON NOEUD?
AAAAAAAGH
NON, MAIS ÇA METTRA FIN À TES PREOCCUPATIONS... CIAOOOO!!!
F185-B

RONFLE!
HUNT EMERSON and TYM MANLEY ©95
Trado: CHRISTIANE -K-
AHA! LE STRIP TEASE DES COPINES - ON Y VA!!
ROOONFLE!!
JUSTE UN OU DEUX DÉTAILS... CÀ COMME ÇA ET L'AUTRE COMME ÇA...
RONFLE!!
VOILÀ... LA CHATTE BRÛLANTE, ON TOURNE!
RONFLE!
MERDE! ELLE A BOUGÉ
RONFLE... RRR... ...RRR...
CREAK CREAK
OK- ON ESSAYE COMME ÇA...
RONFLE!
MAIS AVANT QU'IL PUISSE PRENDRE SA PHOTO PORNO...
MERDE! ELLE A ENCORE BOUGÉ!
RONFLE! TSS-SSP-TSS-SSP RONFLE...
CRiiiiiK CRiiiK CRiiiK
PFUI! ELLE PÈSE SON POIDS! SI JE POUVAIS LA TOURNER...
RONFLE!
CRiiiK CRiiiK CRiiiK
ET AVANT QU'IL PUISSE APPUYER SUR LE BOUTON...
OUAH!!
RONFLE!!
CRASH!
F202-A

CRASH CRASH CRASH CRASH CRASH CRASH CRASH CRASH CRASH CRASH
7
IL FAUT QUE J'AI CETTE PHOTO!!
6
BASEMENT
FAUT QU'JE L'AI!!!
CRASH!
PHOTO DE MA FEMME TOMBANT ...LES JAMBES ÉCARTÉES...
CLICK-WHIRRR
UNE MINUTE... OÙ EST MA FEMME?
MA FEMME! ELLE... ELLE A DISPARU!! A L'AIDE! POLICE!
PLUS TARD, AU POSTE DE POLICE...
NOUS AVONS FOUILLÉ IMMEUBLE ET TOUS LES ENVIRONS, M'SIEUR, MAIS AUCUN SIGNE DE VOTRE FEMME...
MON DIEU!
WANTED DEAD OR ALIVE
WANTED A GOOD DINNER
YOU'RE NICK-ED
LOCK UP YOUR TRUNCHEON
LOST ONE HELMET ANSWERS TO NAME OF HECTOR
ET CE N'EST PAS TOUT... NOUS AVONS VÉRIFIÉ LES REGISTRES, INTERROGÉ FAMILLE ET AMIS, ET IL SEMBLE QUE VOUS N'AYEZ JAMAIS ÉTÉ MARIÉ, MONSIEUR... VOTRE FEMME EST UN PRODUIT DE VOTRE IMAGINATION!
OH, MON DIEU!
NEE NAW NEE NAW NEE NAW
POLICE DOG PARA TE Tues 7pm
WANTED
DEAD
RECRUITS WANTED FOR ANTI-BIRD POLICE
ET, IL-Y-A PLUS... NOS INVESTIGATIONS PROUVENT QUE VOUS-MÊME ÊTES LE PRODUIT DE VOTRE PROPRE IMAGINATION!
OH, MON DI...
PAF!
HUMM! PHOTO INTÉRESSANTE... JE VAIS L'ENVOYER À L'ECHO POUR LE STRIP-TEASE DES COPINES...
LE SEXE-C'EST TOUT DANS LA TÊTE... CIAOOOOO!!
F202-13

FIRKIN
HUNT EMERSON and TYM MANLEY
Trado: CHRIS·K·
ET L'ANGE DU SEIGNEUR PRIT UN RETARD DE PRÈS DE 2000 ANS EN RAISON D'UN BOUCHON SUR L'AUTOROUTE, C'EST AINSI QU'IL ATTEIGNIT LA TERRE EN 1995...
"LES VIEILLES ÉCURIES, LA GOUT D'OR"... ÇA DOIT ÊTRE LÀ...
LÀ VIVAIT UNE FEMME APPELÉE MARIE, QUI PENSAIT QUE...
UNE FEMME N'EXISTE PAS QUE DANS SA RELATION AUX HOMMES... ET SI JE VEUX RESTER VIERGE, C'EST MON AFFAIRE!
IL VINT À ELLE ET DIT...
JE VOUS SALUE, MARIE, BÉNIE ENTRE TOUTES...
HII!! CASSE-TOI, MONSTRE!
ÊTES-VOUS UNE ESPÈCE DE FÉE... EUH... UN HOMO?
ET ELLE NE LE LAISSA PAS PARLER, CAR ELLE AVAIT PRIS DES COURS D'AFFIRMATION DE SOI...
QU'EST-CE QUI VOUS PREND D'ENVAHIR MON ESPACE EN BRILLANT TELLEMENT QUE ÇA DÉCOLORE MES PUTAINS DE RIDEAUX!!
ET L'ANGE DIT À ELLE...
N'AIE CRAINTE, MARIE...
POUR ÇA, JE CRAINS RIEN, JE SUIS CEINTURE NOIRE, 1ère DAN!
ET MARIE EFFECTUA UNE PLANCHETTE JAPONAISE SUR L'ANGE, UNE RUADE AUSSI, ET ELLE PIÉTINA SON AURÉOLE QUI AVAIT ROULÉ SUR LE SOL...
ET L'ANGE DIT...
DIEU A JETÉ LES YEUX SUR TOI...
DIEU QUI? JE CONNAIS AUCUNE TYPE DE CE NOM-LÀ!
IL NE LUI RÉPONDIT PAS MAIS IL DIT...
ET VOICI QUE TU METTRAS AU MONDE UN FILS...
QUOI?!? TU VEUX DIRE QU'IL M'A MISE EN CLOQUE SANS QUE J'LE SACHE?
ET AINSI, ELLE NE FUT PAS TRÈS CONTENTE ET LE DIT SANS AMBIGUÏTÉ...
UNE FEMME A DES DROITS SOUVERAINS SUR SON CORPS! JE N'AI PAS CHOISI CE FOUTU DIEU!! ET MON ORGASME, HEIN?
YELP
F200-A

ET AINSI, ELL PIQUA UNE CRISE, CRIANT CES MOTS :
ET SI JE NE VEUX PAS DE FILS, HEIN ? ET SI JE PENSE QU'IL Y A DÉJÀ TROP DE FOUTUS COUILLUS SUR CETTE TERRE, HEIN ?
ET ELLE AJOUTA
CE DIEUDONNÉ PEUT FAIRE UNE CROIX DESSUS ! JE VAIS ME FAIRE AVORTER !
MAIS L'ANGE DIT...
TU AURAS UN FILS ET IL S'APPELERA...
ET MARIE S'ÉCRIA D'UNE VOIX FORTE...
ÇA, C'EST TROP ! IL CROIT QU'IL PEUT ME DIRE COMMENT APPELER MON GOSSE ? JE L'APPELERAI DOMINIQUE, VOILÀ !
MAIS L'ANGE DIT...
NOTRE SEIGNEUR LUI DONNERA LE TRÔNE DE SON PÈRE DAVID...
ÇA NON ! MON FILS N'ENTRERA PAS DANS LE SYSTÈME HIÉRARCHIQUE MÂLE !
ET ELLE S'ÉTONNA, DISANT...
MAIS QUI EST CE "DAVID" ET QUI EST CE "SEIGNEUR" ?
ELLE MARQUA LE PAS, RÉFLÉCHIT, ET DIT...
OHHH... CE DIEU LÀ...
PING
ET MARIE DIT À L'ANGE...
AHH ! VOUS FAITES ERREUR... VOYONS, TOUT LE MONDE SAIT BIEN QUE DIEU EST UNE FEMME !
ET L'ANGE PRIT CONGÉ, DISANT....
'LUT ! ON OUBLIE TOUT ÇA, D'ACCORD ?
ET CE FUT LA FIN DES HARICOTS ! CIAOOOO !!
F200-B

HUNT EMERSON & TYM MANLEY ©95 TRADO: CHRISTIANE K.
FIRKIN
UN JOUR CHEZ LE DENTISTE...
NE VOUS INQUIÉTEZ PAS, M. BÊNET-VOUS SENTIREZ SEULEMENT UNE PETITE DÉMANGEAISON...
VOUS POUVEZ VOUS ESTIMER HEUREUX, LES AMIS... DANS CERTAINES BD, CECI SERAIT LE "BON MOT"!
À LA VUE DE L'AIGUILLE, BERNARD PANIQUE...
MERDE!
SECOUE
POUIC
C'ÉTAIT TRÈS VILAIN, M. BENET! L'INJECTION ENGOURDIT SEULEMENT L'ENDROIT AUSSI VOUS NE SENTEZ RIEN! JE VAIS FAIRE UN PEU DE DÉTARTRAGE EN ATTENDANT QUE VOUS SOYEZ DÉTENDU PUIS NOUS ESSAYERONS À NOUVEAU...
ZWEEEEE
C'EST VRAI, ELLE NE SENT MÊME PAS QUE JE LUI TRIPOTE LE SEIN!
C'EST ÇA, M. BÊNET, OUVREZ GRAND ET LARGE!
REGARDEZ MOI ÇA! DÉJÀ DEUX PLAISANTERIES CLASSÉES X ET NOUS SOMMES QU'À LA SIXIÈME CASE!
GRIND
KLUNK
SKRUNCH
ZWEE
F189-A

UN-DEUX-TROIS...
SKREEEE GRIND KRUNCH
POUIC
...DIX-NEUF-VINGT! OUAIS! VOILÀ UN POPOTIN SEREIN!
SMASH
AUCUNE SENSATION
SLAP!
ET LE TRAVAIL CONTINUE SUR L'ABOMINABLE GUEULE DE BERNARD TANDIS QU'IL SE DISTRAIT JOYEUSEMENT...
INSENSIBLE
MORT
MAIS LE DÉTARTRAGE PREND FIN....
VOUS AVEZ L'AIR PLUS DÉTENDU MAINTENANT VOUS DEVRIEZ POUVOIR SUPPORTER UNE PETITE DÉMANGEAISON!
ON
IL Y A SUFFISAMMENT DE GAGS POUR TOUTE UNE SÉRIE DE COMICS ORDINAIRES!
UNE FOIS ENCORE, BERNARD PANIQUE!
OH, LA FERME!
PLANTE
F189-B
QUEL EST CE BRUIT, LES AMIS? CE N'EST LE BRUIT DES DENTS DE BERNARD ARRACHÉES SANS ANESTHÉSIE MAIS LE SON D'UN HOMME À QUELQUES CENTIMÈTRES DE L'OBJET DE SON DÉSIR...
YAARG!
...ET QUI SAIT QU'IL NE L'ATTEINDRA JAMAIS! CIAOOO!!
ALLEZ, VOYONS DE QUOI TU ES CAPABLE, PAUVRE VERMISSEAU!
INSENSIBLE
AUCUNE SENSATION

FIRKIN
HUNT EMERSON TYM MANLEY © 96
L'Alchimiste
TRADO - CHRIS-K-
C'EST MOI, LES AMIS! L'ALCHIMIE EST LE NOUVEAU TRUC BRANCHÉ ET J'ME FAIS UNE FORTUNE! QUEL BIZENESS!
A CE SOIR, MIRANDA...
J'ESPÈRE QUE NON, BILLY BEURK!
EBENEZER FIRKPEPPER ALCHEMIST
YEUX de TRITON PANACÉES TEINTURES MÉTAUX VILS FILTRES D'AMOUR FRAUDES FISCALES RACINE de MANDRAG ACAPULCO GOLD
OPEN
YAOURT
SANG DE CHAUVE SOURIS
JE NE CROIS PAS QUE MON CHARME NATUREL FONCTIONNE! CE DONT J'AI BESOIN, C'EST... ...Aha!
FILTRES D'AMOUR
TAX
J'AI BESOIN D'UN FILTRE POUR QUE LA FILLE QUI ME PLAÎT SE DÉSHABILLE ET ME RAVISSE!
Hmm... OUAIS...
PRENDS CET ONGUENT-MA PROPRE PRODUCTION-ET ENDUIT SA CHAISE, ELLE FERA CE QUE TU VEUX... SI TU PORTES CE SYMBOLE DE FERTILITÉ SUR LA TÊTE!
ET AINSI...
ET BIEN, MIRANDA-TU N'ES PAS HEUREUSE QUE JE T'AI INVITÉE DANS CE CLUB TRÈS FERMÉ?
PAS VRAIMENT...
ASSEYONS-NOUS SUR LA TERRASSE...
POURQUOI PAS.
F194-A
ELLE S'EST ASSISE SUR L'ONGUENT D'AMOUR! IL VA Y AVOIR DE L'ACTION!
MIRANDA-POURQUOI ME BATS-TU FROID?
POURQUOI PORTES-TU UN RADIS SUR LA TÊTE?
SQUISH!
C'EST UN SYMBOLE DE PASSION EFFRÉNÉE!
ÇA NE MARCHE PAS ENCORE...?
C'EST COMPLÈTEMENT IDIOT!
sniff

COMMENT PEUX-TU ME TRAITER SI CRUELLEMENT QUAND LA LUNE ÉTEND SES REFLETS LUXURIANTS SUR LE LAC ET QUE LES DOUX ZÉPHYRS APPORTENT LE POLLEN AUX STIGMATES COLLANTS DES FLEURS NOCTURNES
MON CUL!
ÇA MARCHE TOUJOURS PAS...
...ET LA FORÊT FÉCONDE CRIE SON DÉSIR! OH MIRANDA, NE SENS-TU PAS QUELQUE CHOSE DANS L'AIR?
sniff sniff IL Y A COMME UNE ODEUR...
ÇA MARCHE!
AAAGGHH!!! URRGH!!
OUI, ÇA MARCHE!
OH! OH! OH! MON DIEU!!
VIENS, MIRANDA! JE SUIS LÀ POUR ASSOUVIR TES DÉSIRS!
QUI PARLE DE "DÉSIRS," SOMBRE CRÉTIN? JE ME SUIS ASSISE SUR UN TRUC HUMIDE, COLLANT...
DE LA MERDE DE CHAT!
DE LA MERDE DU CHAT? MON DIEU... SI J'AVAIS SU, JE N'AURAIS PAS MIS SUR LE BANC...!
TOI?... C'EST TOI QUI L'A MISE?
PLUS TARD...
ET BIEN, ON DIRAIT QUE MON ONGUENT EST EFFICACE, NON?
QUOI? TU M'AS DIT QU'ELLE ARRACHERAIT SES VÊTEMENTS ET QUE JE SERAI RAVI!
RAVI? OH-J'AI CRU QUE TU DISAIS RADIS!! DÉSOLÉ, BILLY... CIAOOOO!!
BUT-BUT-BUT-
F194-B

FIRKIN
QUELLES VACANCES! BERNARD BENET EST PARTI EN GRÈCE ET IL M'A LAISSÉ CHEZ SES VIEUX! POUAH!
HUNT EMERSON and TYM MANLEY
C'EST UNE ANTIQUITÉ!
C'EST TOUT CE QUE JE POUVAIS M'OFFRIR MAIS COMME ÇA ON POURRA ALLER CAMPER...
OH MERDE!
IL A TRENTE ANS MAIS IL MARCHE! ALLEZ, ON VA FAIRE UN TOUR...
KROBA KROBA KROBA WUMFF!
C'EST VRAIMENT SUPER! ON SE CROIRAIT REVENUS DANS LES ANNÉES SOIXANTE!
TIENS, C'EST BIZARRE! IL Y A CENT GRAMMES D'HERBE ET UN COPIE DE "LES FREAK BROTHERS" DANS LA BOÎTE À GANTS...
TO LET
CLOSING DOWN
SOUDAIN...
HÉ! CE SONT LES SIXTIES!
OUAH! GÉNIAL!
SAVILLE THEATRE
TONIGHT CREAM BONZO DOG DOODAH BAND
OP-ART BOUTIQUE
HEAD SHOP
HÉ! ON DIRAIT QUE TU AS TRENTE ANS DE MOINS!
MEEOWL!
MAIS FIRKIN A L'AIR BEAUCOUP PLUS VIEUX!
IL N'ÉTAIT PAS NÉ, IL Y A TRENTE ANS... JE CROIS QU'IL S'EST CHANGÉ EN SON ARRIÈRE GRAND-PÈRE!
MRROW!
ALLONS VOIR CREAM ET LES BONZOS!
NON, FANNY! JE CROIS QUE NOUS SOMMES AU COEUR D'UNE DISTORSION TEMPORELLE CENTRÉE SUR LE VAN! SI NOUS SORTONS, C'EST RETOUR AUX ANNÉES DE GERBE 90!
I WAS LORD KITCHENER'S VALET
OZ
GRANNY TAKES A TRIP
HÉ! IL Y A UN FESTIVAL DU SOLSTICE ET UN LOVE-IN À STONEHENGE!
OUI? SUPER! ALLEZ, ON VA SE DÉFONCER, BAISER ET ÉCOUTER LA MUSIQUE!
MYOW!
REGARDE! ÇA A COMMENCÉ! ON TENTE UNE SORTIE MAINTENANT?
JE NE SAIS PAS! JETTE LE CHAT DEHORS ET VOYONS C'QUI S'PASSE!
F171-A

ÇA N'SERAIT PAS AUTORISÉ DANS LES ANNÉES 90! ILS AURAIENT MIS DES FLICS ET DES CHIENS ET DES BARBELÉS...
...ET ÇA S'RAIT PAS UN MAL! POUAH! GROGNE
200 MÈTRES, ET À L'INTÉRIEUR, C'EST TOUJOURS LES SIXTIES!
À POIL ET ON S'EXPLOSE!
PAF
HOURRAH! JEUNE À NOUVEAU!
PLUS TARD...
SALUT, FANNY!
SALUT, MARC! ECOUTE, RENDEZ-VOUS À L'AUBE SUR LA PIERRE CENTRALE POUR UN P'TIT COUP...
ENCORE PLUS TARD, L'AUBE SE LÈVE
VIENS, MARC! DÉPÊCHE-TOI — C'EST PRESQUE L'AURORE!
J'ARRIVE! JE CHERCHE JUSTE UN PEU DE NITRATE D'AMYLE DANS LE VAN...
OH-OH! VOUS ENTENDEZ LES MECS? LE BRUIT DU FREIN À MAIN ACCIDENTELLEMENT DESSERRÉ!
CRIIK
MARC! LE VAN S'EN VA!
OH, NON! REVOICI CES PUTAINS D'ANNÉES 90 POURRIES!
PEU IMPORTE! ÇA NOUS EMPÊCHERA PAS DE BAISER!
PAF
PAF
SERGENT! Y'A UNE BANDE DE RETRAITÉS TOUT NUS SUR LES PIERRES!
QUOI? COMMENT ONT-ILS PU FRANCHIR LE BARRAGE?
POLICE
SERREZ LES RANGS!
ATTENTION! UN CAMION FOU!
POLICE
PAF
POLICE
VOUS DÉTESTEZ LES ANNÉES 90? ALORS CHANGEZ-LES! ÇA N'A PAS À RESTER COMME ÇA... TOUT EST DANS LA TÊTE! CIAOOOO!
F171-B

FIRKIN
SACREBLEU, MR. BÊNET, VOUS ÊTES DANS UN SALE ÉTAT!
HUNT EMERSON and TYM MANLEY © 95
TRADO = CHRIS-K-
FUMEZ-VOUS?
NON, DOCTEUR
VOUS BUVEZ?
JAMAIS...
BIEN, COMMENT EXPLIQUEZ-VOUS VOTRE ÉTAT, ALORS?
JE FAIS L'AMOUR SOIXANTE FOIS PAR JOUR, DOC! ELLES SONT TOUTES APRÈS MOI... J'EN AI DÉJÀ BAISÉ 23 AUJOURD'HUI...
ET IL N'EST QUE 10h! ALLEZ DANS CETTE PIÈCE, L'INFIRMIÈRE VA FAIRE QUELQUES TESTS PENDANT QUE JE CONSULTE UN SPÉCIALISTE...
OUI, DOC...
?
VOUS AVEZ DIT 22 OU 23 AUJOURD'HUI MR. B... BON SANG!
EUH... 24 DOCTEUR!
VOTRE CAS M'INTRIGUE, MR. BÊNET! JE DOIS TROUVER LA CAUSE... BON DIEU, ÇA FAIT DES ANNÉES QUE J'ESSAYE DE SAUTER L'INFIRMIÈRE! NOUS ALLONS FAIRE QUELQUES TESTS!
ALLEZ, ENTREZ...
MON DIEU, JE SUIS SI DÉPRIMÉE... OUAH! HOUBA HOUBA!!
PAVILLON DES DÉPRIMÉE
F198-A

PLUS TARD...
ALORS, MR. BÊNET?
31, DOCTEUR
...ET VOUS AVEZ RÉSOLU QUELQUES CAS DIFFICILES!
OUAH! JE M'SENS BIEN!
ET MOI!
MOI AUSSI!
ROOM
DEPRESSED WOMEN CLINIC
BEAUCOUP DE TEXTE DANS CETTE CASE, PAS VRAI?
ICI HUNT EMERSON... JE VEUX JUSTE PRÉCISER QUE L'IDÉE QUE LES FEMMES DÉPRIMÉES PUISSENT ÊTRE "GUÉRIES" PAR LE SEXE EST DE TYM MANLEY...
...POUR MA PROPRE SÉCURITÉ VOUS VOYEZ...
LE SPÉCIALISTE EST ARRIVÉ, MR. BÊNET... VOULEZ-VOUS ME SUIVRE AU LABORATOIRE, S'IL VOUS PLAÎT?
C'EST LE DOCTEUR FIRKIN... IL VA FAIRE UN PRÉLÈVEMENT POLYENDOCRINAL...
Docteur Firkin? Oh, non!...
PFUI! PAS BESOIN, DOC- IL A UNE GLANDE BANDOMATIQUE HYPERACTIVE... JE LE SENS! ELLE PRODUIT PLUS DE PHÉRONOMES QU'UN RÉGIMENT DE PARAS!...
VOUS AVEZ LE CHOIX, MR. BÊNET... NOUS POUVONS REMPLACER VOTRE GLANDE BANDO- PAR CELLE D'UN PRIMATE...
...OU VOUS POUVEZ MOURIR DE PLAISIR!
NON! NON! JE SUIS VIDÉ! OPÉREZ!
SIX MOIS PLUS TARD...
MR. BÊNET! VOUS ÊTES EN PIRE ÉTAT QU'AVANT!
JE N'ARRÊTE PAS D'ÊTRE VIOLÉ PAR DES GORILLES! JE VEUX MA GLANDE À MOI, CHARLATAN!!
CE N'EST PAS POSSIBLE, MR. BÊNET... VOTRE GLANDE A ÉTÉ TRANSPLANTÉE! AU SECOURS! INFIRMIÈRE!!
OÙ EST-ELLE? OÙ EST-ELLE?
VOUS M'APPELEZ, DOCTEUR? VOUS-VOULEZ FAIRE L'AMOUR À NOUVEAU?
NON, PAS MAINTENANT Melle...
VOUS!! C'EST VOUS QUI L'AVEZ! JE VAIS VOUS L'ARRACHER, GRAND SINGE!!
CHÉRI!
OH- POURQUOI PAS?
OH NON! ASSEZ!
CETTE GLANDE EST TA GLANDE- CETTE GLANDE EST MA GLANDE- DU MONT DE VÉNUS- AUX ÎLOTS DE LANGERHANS...
CIAOOO!!
F198-B

HUNT EMERSON and TYM MANLEY © 95
ON DIRAIT "FIRKIN" JE CROIS
Hmmm.... HORRIBLE, PAS VRAI? ENFIN, FAUT FAIRE AVEC, J'IMAGINE...
SUSS? DRÔLE DE NOM POUR UN SODA...
NOUVEAU
SUSS
FRAÎCHE
CLUNK
EEK!
QU'EST-CE QU'Y A, JUDY? TU VAS BIEN?
QUOI?
Hahaha! REGARDEZ CES NOUVELLES BOUTEILLES!
NEW
CLUNK
CA ALORS!
J'EN VEUX UNE!
Haha! REGARDEZ ÇA!
CLUNK CLUNK CLUNK CLUNK
SLURP! Heeheehee!
LE RESTE DE L'APRÈS-MIDI SE PASSE EN UNE DEBAUCHE DE JOYEUSES GAUDRIOLES!
L'À, Y'A ÉCRIT "NE CONTIENT AUCUN PRODUIT ANIMAL" - ALORS SOYEZ PRÊTES POUR UNE GROSSESSE VÉGÉTALE!
N'EN BUVEZ PAS, LES FILLES - C'EST INFECT!
OH! OHH! CA PÉTILLE!
OUAH! C'EST AUSSI GLISSANT QUE LE VRAI TRUC SOUS LA DOUCHE!
OH! OHH! OUiii!
TUT!
Heeheehee! UNE PETITE LICHETTE, M'ELLE KRIEK?
PFEUH! C'EST DÉGOUTANT!
JIZ
DES HEURES D'HYSTERIE PLUS TARD...
ET BIEN, MOI C'EST AU LIT DE BONNE HEURE AVEC UNE BOUTEILLE! HiHiHi!
ET VOUS, M'ELLE KRIEK?
Snif!
CERTAINES SONT PRÊTES À TRAVAILLER TARD, VOUS SAVEZ!
JIZ
CLICK
ZOOOM!
NOUVEAU
SUSS
CLUNK
ZOOOOM
F197-A

MAIS...
C'EST COINCÉ!!
NOUVEAU! SUSS FRAICHE
MANAGING DIRECTOR
OH, NON! VOILÀ QUELQU'UN!...
TWANG
CLUMP CLUMP CLUMP
HMM... VOYONS, CAFÉ... NOIR, SANS SUCRE...
C'EST MR. KRACH, LE PATRON!
CLUMP, CLUMP, CLUMP
SOUDAIN LA MACHINE COMMENCE A PROJETER DU CAFE BOUILLANT...
... ET ALORS...
YEEAARG
CRASH!
AÏE!! AÏE!! AÏE!! AÏE!! AÏE!! AÏE!! & AÏE!!
BERNARD BÊNET! LE GARDIEN! MAIS QUE DIABLE FAITES-VOUS LA DEDANS!
ARGH! AGH! YAARGH! YOOOP! YOWL!!
OH! MON PAUVRE NOEUD ÉCHAUDÉ!!
MR. KRACH! PRENEZ-MOI!
MELLE KRIEK! ENFIN!
AAAAAAGH!
UN HAPPY-END FINALEMENT! CIAAOOO!!
F197-B

FIRKIN
HUNT EMERSON and TYM MANLEY ©95
EXPOSITION DE BATEAUX EN BOUTEILLES
COMMENT A-T-IL PU RENTRER ÇA LÀ-DEDANS?
DIEU DU CIEL, COMMENT A-T-IL PU RENTRER ÇA LÀ-DEDANS?
ENFER ET DAMNATION, COMMENT A-T-IL PU RENTRER ÇA LÀ-DEDANS?!
PUTAIN! COMMENT A-T-IL PU RENTRER ÇA LÀ-DEDANS?!!
JE RECONNAIS CETTE VERGE MONSTRUEUSE!
LA RENTRER, C'ÉTAIT FACILE! C'EST LA SORTIR QUI POSE PROBLÈME! OUCH!
J'AVAIS RAISON... C'EST BERNARD BÉNET!
SUIS-MOI, BERNARD... JE CONNAIS QUELQU'UN QUI PEUT T'AIDER... ELLE S'APPELLE OLGA VOLGA ET ELLE FAIT DES CHOSES ÉTONNANTES AVEC UNE BOUTEILLE !
VRAIMENT?
PUSHPORN CLUB
VOLGA OLGA AND HER THUNDERING THIGHS
SEX SHOW
LIVE
LIVE SEX SHOW
F203-A
...ET NOUS NOUS DEMANDIONS, OLGA, SI VOUS NE POURRIEZ PAS COINCER CETTE BOUTEILLE ENTRE VOS CUISSES SUBLIMES ET DÉGAGER LA SAUCISSE COINCÉE DE BERNARD...
PITIÉ...
NON, FIRKIN-J'AI UNE MEILLEURE IDÉE!
VOUS N'ALLEZ PAS LE CROIRE MAIS, JE NE SUIS PAS SEULEMENT UNE STAR DU PORNO, JE SUIS UNE SOUFFLEUSE DE VERRE EXPÉRIMENTÉE!
VOUS AVEZ RAISON - JE NE VOUS CROIS PAS...

VOILA, CE QUE NOUS ALLONS FAIRE! EN CHAUFFANT LE VERRE, IL VA RAMOLLIR ET NOUS POURRONS LE SOUFFLER POUR AGRANDIR LA BOUTEILLE, AINSI VOUS POURREZ SORTIR VOTRE PAUVRE PÉNIS MARTYRISÉ...
YOWP! VOUS ÊTES SÛRE QUE VOUS NE POURRIEZ PAS JUSTE FAIRE COMME FIRKIN A DIT?
ARRÊTE DE GEINDRE, BERNARD - ÇA DEVIENT INTÉRESSANT!
MADRE DE DIOS!
OK, FIRKIN... MAINTENANT, APPROCHE DOUCEMENT LA FLAMME DU COL DE LA BOUTEILLE ET NOUS LE DÉGAGERONS... DOUCEMENT...
DOUCEMENT! ELLE A DIT DOUCEMENT!!
OK... OK!!
ET INÉVITABLEMENT...
AAAGGH!!! J'AI LES COUILLES EN FEU!!
NON! NE REFROIDIS PAS LE VERRE!!
FEU?
SPLOSH
HSSSSSS!
SLURP!
POP!
QUAND IL EST REFROIDIT, L'AIR CHAUD SE CONTRACTE RAPIDEMENT, FORMANT UN VIDE...
ET AINSI...
COMMENT PEUT-IL LES FAIRE BAISER LÀ-DEDANS?!!
CONTINUEZ VOUS DEUX, SINON J'ALLUME LE GAZ!
AUTHENTIQUE SEX EN BOUTEILLE
A VOIR!
ENTRÉE
BILLETS
ECOUTEZ-FAUT BIEN VIVRE! CIAOOO!!
SEULEMENT 50Fr. L'ENTRÉE
F203-B

FIRKIN
NON, GERMAIN, RETIRE TES MAINS!
SLAP!
©94
HUNT EMERSON & TYM MANLEY
TRADO=CHRIS K
JE T'AIME, GERMAIN, MAIS PAS COMME ÇA!
ALORS, JEUNE GERMAIN- LA FILLE DU CHÂTELAIN NE VEUT PAS TE LAISSER ENTRER DANS SA CULOTTE, HEIN?
EH BEN, SON PÈRE POSSÈDE LA MOITIÉ DE LA RÉGION ET J'SUIS JUSTE UN VACHER...
CRÉNOM! J'AI CONNU LE CHÂTELAIN QUAND IL N'ÉTAIT QU'UN PORCHER!
VERSE UNE GOUTTE DE CECI DANS SA BOISSON- ÇA LUI METTRA LE FEU AU DERRIÈRE! Heuheuheu...
ET AINSI...
BRRAAAAPP!
PROOOOP
Héhéhéhé!! JE T'AI DIT LA VÉRITÉ, MON GARS! Héhéhéhé!
MERCI BEAUCOUP, VIELLE TAUPE!
F178-A
LE JOUR SUIVANT...
CE SONT DES PHÉROMONES, SID... LE TYPE DU MAGASIN M'A DIT QU'ÇA ATTIRAIT LES FEMMES!
TU T'ES FAIT AVOIR, MON GERMAIN! C'EST L'TRUC QU'ON FILE AUX COCHONS POUR LES FAIRE BAISER!
NEEDY NITES
SEX AIDS
NO KIDS
NO PRUDES
NO PRUNES
PORK SWORD
NON, MON VIEUX- T'AS PAS BESOIN D'CES TRUCS CHIMIQUES! LA NATURE PRODUIT SES PROPRES PHÉROMONES- T'AS QU'À FROTTER LA MAIN ENTRE TES JAMBES ET T'LA PASSER SUR LE FRONT!
OUAIS?

LA SOIRÉE SUIVANTE AU PUB N'EST PAS UN SUCCÈS POUR GERMAIN...
MERCI BEAUCOUP, SID! TES PHÉROMONES "NATURELS" ONT TENU TOUT L'MONDE À DISTANCE TOUTE LA SOIRÉE!
BOUDIOU!
MINCE!
HÉHÉHÉ! C'EST PT'ÊTE BEN À CAUSE D'LA MERDE SUR TES SOURCILS!
SAPRISTI!
UN SEMAIN PLUS TARD...
ELLE M'A DEMANDÉ DE VENIR AU CHÂTEAU POUR PRENDRE UN VERRE! J'VAIS ESSAYER C'TE BOMBE QUAND MÊME!
FSSST
PFUI! C'EST FORT CE TRUC! ÇA DEVRAIT LA METTRE D'HUMEUR! OUAOUH!...
THE BIG HOUSE WIPE YOUR FEET
SQUEAL! SQUEAL! SQUEAL!
OI! QU'EST-CE QU'Y S'PASSE ICI? OINK?
IIIK!
IIIK!
IIIK!
IIK!
IIIK!
4 BALLS GOOD 2 BALLS BAD
BONK
≡SNIFF≡ GERMAIN! QUELLE ODEUR!... TU SENS JUSTE COMME... COMME...
OUAIS... JE SAIS... COMME UNE PORCHERIE...
TU SENS JUSTE COMME PAPA!!
VIENS ICI, BÊTE D'AMOUR...
CIAOO!!
F178-B

HUNT EMERSON
and
TYM MANLEY
©95
FIRKIN
SKUWSI MOAR...
PISS OFF!
'SCUSEZ-MOI, M'SIEUR...
Hmm?
'SCUSEZ-MOI, M'SIEUR! PUIS-JE BAISER VOTRE DAME?
MAIS CERTAINEMENT SI ELLE N'Y VOIT PAS D'INCONVÉNIENT...
QU'EN PENSES-TU, CHÉRIE?
TU PARLES! J'EN MEURS D'ENVIE!!
MA FEMME ADORE QUE JE LUI RAMÈNE DES HOMMES...
...JE L'AIME, VOUS VOYEZ MAIS JE NE SUIS PAS DE TAILLE À LA SATISFAIRE!
NOUS Y VOILÀ - C'EST LÀ QUE NOUS HABITONS...
LÀ, VOUS ENTREZ ET VOUS DÉBALLEZ VOTRE MATÉRIEL, MON VIEUX, ELLE SERA À VOUS DANS UN INSTANT! SI VOUS AVEZ BESOIN DE MOI, JE SUIS À COTÉ AVEC DOLORÈS
VITE, HAROLD!
MAIS... C'EST PAS VOTRE FEMME?
GRANDS DIEUX, NON! VOUS VOYEZ, DOLORÈS ET MOI NE POUVONS ÊTRE ENSEMBLE QUE QUAND MA FEMME EST OCCUPÉE AVEC UN DE SES AMANTS! ALLEZ, MON VIEUX, ET BONNE CHANCE!
MAIS... MAIS... MAIS...
BONJOUR, MON GRAND GARÇON!! VIENS VOIR MAMAN...
?
F196-A

OOOH- MON HAROLD EST SI BON AVEC MOI! REGARDEZ LE PETIT MORCEAU JUTEUX QUE VOILÀ...
AK AK AK
RETIRE VITE CES VILAINS VÊTEMENTS...
ET MAINTENANT- PRENDS-MOI!!
SCHPLUT!!
OH!
SCHPLUT
OH!
SCHPLUT
OH!
SCHPLUT
OH!
SCHPLUT
OH!
PLUS TARD...
HAROLD!
OUI, CHÉRIE! JE VIENS!*
*CE JEU DE MOT EST SUBVENTIONNÉ PAR LE FOND EUROPÉEN POUR L'EMPLOI DES VIEUX GAGS DÉBILES.
HAROLD, CELUI-CI EST VIDE! JETTE LE AVEC LES AUTRES ET SORS M'EN CHERCHER UN AUTRE, S'IL TE PLAIT!
OUI, CHÉRIE - TOUT DE SUITE
SCUSEZ-MOI, M'SIEUR
ET BIEN, J'AVAIS PAS GRAND CHOSE À FAIRE CETTE FOIS SINON JOUER LES PRESSE-LIVRES!
CIAAOO!!
F196-B

FIRKIN
HUNT EMERSON and TYM MANLEY ©95
TRADO: CHRISTIANE·K·
UN GRAND ÉVÉNEMENT EST SUR LE POINT DE SE PRODUIRE...
...ET MAINTENANT, NOUS ALLONS TENTER LE PREMIER COÏT EN CHUTE LIBRE!!
OK, CHARLOTTE... SUR LE DOS... JAMBES OUVERTES – J'ARRIVE!
VITE! OUVRE LES JAMBES!
QUEL PORC! UNE FILLE A BESOIN D'UN PEU DE ROMANCE, TU SAIS!
MAIS... MAIS... NOUS N'AVONS QUE 5.05 MINUTES AVANT DE TOUCHER LE SOL!
DIS-LE ALORS!
MON DIEU! CONTACT MOINS 4.86 MINUTES!!! D'ACCORD – JE T'AIME!...
PAS ÇA! DEMANDE MOI EN MARIAGE ...À GENOUX...
CONTACT MOINS 4.02 MINUTES
≡soupir≡ VEUX-TU M'ÉPOUSER, CHARLOTTE?
OH, BERNARD!
CONTACT MOINS 3.35 MINUTES...
JE LE VEUX!
CONTACT MOINS 3.01 MINUTES...
HÉ! T'ES MOU!
JE SUIS TOUJOURS NERVEUX LA PREMIÈRE FOIS... J'AI UNE BOMBE DE DURCISSEUR DANS MON SAC...
CONTACT MOINS 2.54 MINUTES...
IL VAUDRAIT MIEUX QUE ÇA MARCHE!
FSSSS
F199-A

CONTACT MOINS 2.26 MINUTES...
ÇA MARCHE! OH, OUI! OUI!!
CONTACT MOINS 1.48 MINUTES...
DÉPÊCHE-TOI DE JOUIR, BERNARD... IL FAUT OUVRIR LES PARACHUTES!
HAN! HAN! JE N'PEUX PAS! CETTE BOMBE...
CONTACT MOINS 1.13 MINUTES...
MON DIEU! C'EST LA MAUVAIS... C'EST LA BOMBE À RETARDEMENT!
CONTACT MOINS 18 SECONDES...
HAN! HAN! FINISSONS CE PREMIER COÏT EN CHUTE LIBRE, ET MOURRONS HEUREUX!
OH! ARR! OOOH!
CONTACT!!
?
?
MERDE! LA TERRE À BOUGÉ! ON L'A MANQUÉ!
OUAH! SAUVÉS DE L'ÉCRASEMENT!
FULCRUM
C'EST VRAI, LES AMIS... COMME DISAIT ARCHIMÈDE (287-212 A.C.) "DONNEZ-MOI UN POINT D'APPUI, UN LEVIER SUFFISAMMENT LONG, ET JE SOULÈVERAI LA TERRE!!!" CIAOOOO!!
LEVIER
NB: LE POINT NOIR SUR LEQUEL SE TIENT FIRKIN EST SITUÉ SUR LE NEZ DE HUNT EMERSON
F199-3

FIRKIN
JE NE COMPRENDS POURQUOI VOUS PRENEZ LA PEINE DE LIRE ÇA... JE N'AI MEME PAS JETE UN OEIL A CETTE HISTOIRE!
NOUS AIMERIONS VOUS PARLER DES ARRANGEMENTS POUR NOTRE MARIAGE, PÈRE PÊTE...
OUI, BIEN SÛR! TOUT CE QUE VOUS VOUDREZ! NOUS ESSAYONS D'ÊTRE ACCOMMODANTS ICI À SAINT PIVOT!
ET BIEN, NOUS AIMERIONS AVOIR NOTRE PHOTOGRAPHE À L'INTÉRIEUR DE L'ÉGLISE...
PAS DE PROBLÈME! DES TAS DE MARIAGES DE NOS JOURS SONT CÉLÉBRÉS SOUS LE FEU DES MAGNÉSIUMS.... C'EST TRES MODERNE...
SAMEDI DANS L'EGLISE...
MES CHERS ENFANTS, NOUS SOMMES RASSEMBLÉS EN PRÉSENCE DE CE PHOTOGRAPHE POUR CÉLÉBRER L'UNION...
CLIKT
BZZZK
OUTRAGEOUS TALES from the OLD TESTAMENT

FFD-1

PLUS TARD, AU REPAS DE MARIAGE...
MERCI PÈRE PÊTE, D'AVOIR ÉTÉ SI COOPÉRATIF... ET D'AVOIR FERMÉ LES YEUX SUR NOS... euh... BÊTISES!
OH! J'AI TOUT VU CLAIREMENT! VOTRE MARIAGE N'A RIEN D'INHABITUEL... NOUS EN AVONS TOUT LE TEMPS!...
LES MARIÉS EN TRAIN DE BAISER... LA MARIÉE QUI SUCE LE MARIÉ... LE MARIÉ QUI SUCE LA MARIÉE ... LE GARCON D'HONNEUR QUI SUCE LES MARIÉS...
LE MARIÉE SE FAISANT PRENDRE PAR LE GARÇON D'HONNEUR ET LE PÈRE DU MARIÉ...
BON SANG! JE N'Y AURAIS JAMAIS PENSÉ!
BON SANG! JE N'Y AURAIS JAMAIS PENSÉ!
BON SANG! JE N'Y AURAIS JAMAIS PENSÉ!
ET ÇA NE VOUS GÊNE PAS, ALORS?
NON! NOUS AIMONS À PENSER QUE NOUS SOMMES TRÈS BRANCHÉS À ST. PIVOT...
EST-CE QUE ÇA NE VOUS ... euh... VOUS SAVEZ... ÇA NE VOUS EXCITE JAMAIS?
OH, NON! ÇA N'EST PAS MON "TRUC" DU TOUT, MON GARCON!
OH... VOUS ÊTES HOMO?
NON, NON, PAS HOMO! Haha... VOUS VOYEZ, CE QUI ME BRANCHE VRAIMENT ... CE QUE JE TROUVE VRAIMENT EXCITANT...
...C'EST QUAND ILS COUPENT LE GÂTEAU! OH! LA LAME LUISANTE... LE GLAÇAGE!... OH! OH! OH!
JE PRENDRAIS UN JEU 20x25cm DE CES PRISES, JEUNE HOMME
BLORT
SPLURT
VOUS VOULEZ DES MALADES? NOUS EN AVONS! CIAAOOOO!
FFD-2

FiRKiN
©94
HUNT EMERSON and TYM MANLEY
TRADO: CHRISTIANE K.
EXCUSEZ-MOI, MADEMOISELLE—JE SUIS PHOTOGRAPHE... ACCEPTERIEZ-VOUS DE POSER NUE POUR MOI?
ENFIN! JE CROYAIS QU'ON NE ME LE DEMANDERAIT JAMAIS!
MON STUDIO EST PAR LÀ...
ET AINSI...
PARFAIT! VOUS GARDEZ LA POSE, FAITES LA MOUE ET JE METS LA PIÈCE DANS...
COMME ÇA?
FOTOMAT
3 POSES 50P
PASSPORT VISA BUSPASS
FLASH! FLASH! FLASH!
MAINTENANT IL FAUT ATTENDRE LES PHOTOS!
JE CROIS QUE JE SUIS TROP EXCITÉE POUR ATTENDRE.
MOI AUSSI! ALLONS ATTENDRE DANS LES BUISSONS!
OK!
FOTOMAT
AH! JE VAIS FAIRE DES PHOTOS POUR MA CARTE ORANGE...
ZOOM!
CE TYPE EST LE CHEF DU M.I.6 (QUELLE COÏNCIDENCE)
FLASH! FLASH! FLASH!
A QUI SONT CES PHOTOS?
PLUNK
F183-A
ET BIEN, C'EST RAPIDE! BON SANG! C'EST MA SECRÉTAIRE, MISS CRAQUETTE! NUE!!
JUSTE COMME JE L'AI TOUJOURS IMAGINÉE!!
CETTE MACHINE PEUT PHOTOGRAPHIER VOS PENSÉES!
JE DOIS PRÉVENIR LE PREMIER MINISTRE!
FOTOMAT

MERDE! C'EST PAS NOS PHOTOS! C'EST UN DÉBILE AVEC UN CHAPEAU MELON!
C'EST PAS GRAVE, Y'A QU'À EN FAIRE D'AUTRES! (hihihi)
C'EST UN QUESTION DE SÛRETÉ NATIONALE!
FOTOM
J'en ai marre de trainer là, j'me casse!
ET AINSI...
FLASH! FLASH! FLASH!
ET AINSI ENCORE...
JE SUIS TROP EXCITÉ POUR ATTENDRE ENCORE!
MOI AUSSI! TU VIENS?
AUX BUISSONS!
VOILÀ LA MACHINE, MR. LE PREMIER MINISTRE...
VOUS DITES QU'ELLE PHOTOCOPIE VOS PENSÉES?
FOTOMA
3 Poses 50p
OUI, MONSIEUR! PERMETTEZ-MOI DE FAIRE UNE DÉMONSTRATION... euh... À QUOI VAIS-JE PENSER?
A MOI, IDIOT! MOI COMME LE PUBLIC ME VOIT- BEAU, SUAVE, IMPOSANT...
3 Poses 50p
ET AINSI, À NOUVEAU...
FLASH! FLASH! FLASH!
PLUNK
HELLO, ENCORE DES PHOTOS! A QUI SONT-ELLES C'TTE FOIS?
F183-8
AINSI C'EST CE QUE VOUS PENSEZ DE MOI, SALE BÂTARD! VOUS ÊTES VIRÉ! TRAÎTRE!
MAIS... MAIS...
JE NE SAIS PAS POURQUOI IL EST AUSSI FURIEUX... MOI ÇA NE ME FAIT RIEN SI TOUT LE MONDE PENSE QUE JE SUIS... euh UNE CHATTE!
CIAOOOOOO!!!
Je vous mets sur ma liste noir! Oh, oui!

FIRKIN
VET
TRADO: CHRISTIANE-K
HUNT EMERSON & TYM MANLEY ©95
SALUT LES MECS! ÇA NE VA PAS TRÈS BIEN ICI... JE SUIS CHEZ LE VÉTÉRINAIRE POUR ME FAIRE COUPER LES COUILLES (PAS MON IDÉE!) -ET CE BATARD S'OFFRE UNE PETITE GATERIE TÉLÉPHONIQUE AVANT D'ACCOMPLIR SON FORFAIT! QUEL PORC IMMONDE!
...IMAGINE QUE L'EMBOUT DE L'ASPIRATEUR EST MA BOUCHE BRÛLANTE MORDILLANT TA VERGE...
SSUUKK
VREEEE
SOUDAIN!...
...EST-CE QUE TU SENS MON SOUFFLE CHAUD SUR TES COUILLES QUAND J'AVALE TA GROSSE BITE RAIDE?
FWAP!
HAH!
VREEE
AU SECOURS!
JE NE PEUX PAS T'AIDER, JE SUIS ENFERMÉ DANS CE PANIER, MEC...
VREEEE
MAIS SI TU ME DONNES LA COMBINAISON ET SI TU ABANDONNES TOUT IDÉE AU SUJET DE MES COUILLES, JE POURRAIS DÉBRANCHER L'ASPIRATEUR ET T'EMMENER À L'HÔPITAL...
OUI! TOUT CE QUE TU VEUX! C'EST NUMERO 423!
VREEEEEEE
OUI!!
ET AINSI...
ACCIDENTS
EUH... EUH... J'AI EU UN ACCIDENT... EUH... J'ASPIRAIS MON COSTUME...
OH, ENCORE UN BRANLEUR... ATTENDEZ ICI...
ACCIDENTS de la MASTURBATION
Branleurs-Attendez ici
F191-A

HÉ! BÂTARD!!
TOI, VIENS ICI! JE VAIS TE FOURRER LÀ-DEDANS ET JE TE COUPERAIS LES COUILLES PLUS TARD! TU CROIS QUE JE VAIS PERDRE MES HORAIRES? PAS QUESTION!
DES HEURES PLUS TARD, IL ATTEND TOUJOURS D'ÊTRE EXAMINÉ
...ALORS, QUE VOUS EST-IL ARRIVÉ? POURQUOI ÊTES-VOUS ICI?
MOI? OH... JE ME SUIS FOULÉE LA CHEVILLE...
NE MENT PAS, MA FILLE! TU ES COMME TOUS LES AUTRES!... UN BRANLEUR!
BANG BANG
:SOUPIR:
C'EST VRAI... J'AI UN POISSON COINCÉ À L'INTÉRIEUR!
Excuser-moi, je ne fais que passer...
UN POISSON? NOUS, VÉTÉRINAIRES, ON S'OCCUPE AUSSI DES POISSONS... JE CROIS QUE JE POURRAIS LE FAIRE PIVOTER ET LE SORTIR...
OUAIS? GÉNIAL! JE SUIS ÉLECTRICIENNE -JE POURRAIS INVERSER LA POLARITÉ DE L'ASPIRATEUR ET LE FAIRE SOUFFLER! COMME ÇA, ÇA NOUS ÉCONOMISERAIT LES FRAIS D'HÔPITAL!
VOILÀ - JE CROIS QUE ÇA DEVRAIT ALLER... PRÊTE?
COU-COU!
OUI... J'AI REFAIT LE CABLAGE... JE VAIS BRANCHER L'ASPIRATEUR MAINTENANT!
MAIS...
VREEE!!
OUAH! IL NOUS ASPIRE TOUS LES DEUX À L'INTÉRIEUR! J'ÉTAIS POURTANT SÛRE D'AVOIR INVERSÉ LA POLARITÉ!
SLURKKL...
OUI, MAIS JE L'AI DÉ-INVERSÉE ET J'AI SUR-AMPLIFIÉ L'UNITÉ DE SUSCION! Heh Heh J'APPRENDRAIS À CES BÂTARDS À NE PAS JOUER AVEC MES COUILLES! CIAOOOO!
F191-B
CONSULTANT
ET BIEN, QU'EST-CE QUI NE VAS PAS?
BON SANG! IL FAUT QUE J'ARRÊTE CES PETITES PILULES BLANCHES!

FIRKIN
SYMBOLES PHALLIQUES
HUNT EMERSON and TYM MANLEY
TRADO: CHRIS-K.
DEPUIS FREUD, VOUS, LES HUMAINS, VOUS NE POUVEZ PAS VOUS EMPÊCHER DE COMPARER VOS PHALLUS AVEC N'IMPORTE QUEL OBJET OBLONG ET CYLINDRIQUE...
NOUS DÉCOLLONS!
...AUSSI N'EST-IL PAS ÉTONNANT QUE LES OBJETS OBLONGS ET CYLINDRIQUES DÉRAPENT ET DEVIENNENT NÉVROSÉS!
OUPS! C'ÉTAIT UN PEU PRÉMATURÉ!..
VOUS, LES HUMAINS, POUVEZ TRANSFORMER N'IMPORTE QUOI EN OBJET SEXUEL! PAR EXEMPLE, AVEZ-VOUS REMARQUÉ COMMENT LES FEMMES TRIPOTENT LES FRUITS ET LÉGUMES AU SUPERMARCHÉ?
ELLES LES TÂTENT...
...LES CARESSENT...
...LES PRESSENT...
...LES ESSAYENT!
LES FRUITS ET LÉGUMES SONT CONSTAMMENT EXCITÉS!... CARESSÉS, TRIPOTÉS ET ENFONCÉS!
AUSSI N'EST-CE PAS ÉTONNANT QUE, QUAND MELLE CHARLOTTE BAEZ ARRIVA AU RAYON PRODUITS FRAIS DE FOLLEVILLE, DANS UNE TENUE QU'ON PEUT QUALIFIER DE PROVOCANTE...
F190-A

PHWOOAARR!
...PAS ÉTONNANT, DISAIS-JE...
...QU'ELLE SOIT SAISIE...
...DÉSHABILLÉE...
...ET SOUMISE À DES ACTES CONTRE-NATURE PAR UNE HORDE DE FRUITS ET LÉGUMES PHALLIQUES!
EN CONSÉQUENCE, JE SOUTIENS QUE MA CLIENTE N'EST PAS UNE VOLEUSE! NON, ELLE EST LA VICTIME D'UN VIOL VÉGÉTAL COLLECTIF! LA DÉFENSE MAINTIENT...
COUPABLE! PASSEZ-MOI LA VERGE! QU'ON LAVE CETTE FEMME ET QU'ON LA CONDUISE DANS MON CABINET!
UNE FOIS, J'AI EU UNE AVENTURE AVEC UNE REINETTE DU MANS! PLUS FORT!
FAUT QU'J'Y AILLE, LES AMIS... J'ASSURE LA DÉFENSE DANS UNE AFFAIRE FIGUE/ASPERGE À LA CHAMBRE 14... CIAOOO!!!
F190-B

FIRKIN
Snurd
LE SCANDALE DES JEUX VIDEO! Les Jeunes incapables d'affronter la vie réelle
JASON ME PLAÎT BEAUCOUP, FIRKIN, MAIS IL N'EST PAS INTÉRESSÉ PAR LE SEXE! IL JOUE TOUTE LA JOURNÉE AVEC SON JOYSTICK!
DÉGOÛTANT!
HUNT EMERSON and TYM MANLEY ©94
ECOUTE, JEUNE HOMME! TU AS 20 ANS ET ÇA FAIT 12 ANS QUE TU JOUES AUX JEUX VIDÉO — IL SERAIT TEMPS QUE TU SORTES ET QUE TU TE PAYES UNE BONNE TRANCHE DE CUL!
TU VEUX DIRE COMME À LA TÉLÉ? C'EST DÉGUEULASSE!
JASON'S ROOM
IL Y A BIEN UNE FILLE QUI TE PLAÎT...
ET BIEN... SALLY CONNAÎT TOUS LES TRUCS DU SEGA ET ELLE EST BONNE AU KOMBAT...
ALORS DONNE LUI UNE DATE ET SORT AVEC ELLE...
J'CROIS PAS QU'ELLE AIME LES DATTES... ET IL EST HORS DE QUESTION QUE JE SORTE ET QUE JE PARLE À DES GENS! C'EST TROP TERRIFIANT!
MAIS ELLE VEUT TE MONTRER UN NOUVEAU JEU! COMMENT COMMUNIQUEZ-VOUS, VOUS LES JEUNES?
UN NOUVEAU JEU! SUPER! JE VAIS TE MONTRER COMMENT NOUS COMMUNIQUONS, MEC... PAR MESSAGERIE ÉLECTRONIQUE*
* LA MESSAGERIE ÉLECTRONIQUE PERMET AUX FONDUS DE L'INFORMATIQUE D'ENVOYER DES MESSAGES DANS LE MONDE ENTIER EN QUELQUES SECONDES! DOMMAGE QU'ILS N'AIENT RIEN À DIRE!
ÇA MARCHE ET DONC...
~GEINT~ NOUS AVONS MARCHÉ 200 MÈTRES, SALLY... C'EST DÉMENT! JE DOIS M'ASSEOIR! OÙ EST CE NOUVEAU JEU? ~GEINT~
VIENS PAR LÀ... DERRIÈRE CES BUISSONS...
EMBRASSE-MOI! TOUCHE-MOI! PRENDS-MOI!
QUEL EST TON PROBLÈME, MON GARS? ELLE NE DEMANDE QUE ÇA!
LIS LES JOURNAUX, MEC! AVEC UN JOYSTICK JE SUIS PROTÉGÉ MAIS ÇA C'EST LA VIE RÉELLE, COLLANTE, SUANTE ET POILUE! AAARGH!
FI75-A

OK- ON VA ESSAYER COMME ÇA! ÇA C'EST TON JOYSTICK, D'ACCORD...
?
...ET ÇA C'EST LES BOUTONS DE MISE À FEU... OK?...
MAINTENANT- TU CONTRÔLES LE JOYSTICK AVEC TES HANCHES, COMPRIS? ET NE TIRE PAS TOUT DE SUITE...
BEEP BEEP
DIRIGE TON JOYSTICK POUR FAIRE PÉNÉTRER TA FUSÉE DANS LA STATION SPATIALE... C'EST ÇA... DOUCEMENT...
DO-NUT
SAUCISSE
BEEP! BEEP! BEEP!
UN CHAMP DE FORCE LA REPOUSSE! Blip Blip--ESSAYE ENCORE...DEDANS-DEHORS, DEDANS-DEHORS... Bip...
OUAIS... JE VOIS COMMENT ÇA MARCHE!
BEEP! BEEP! BEEP!
BORDEL DE MERDE! CE QUE JE DOIS FAIRE POUR SAUVER LA RACE HUMAINE!
BEEP BEEP
J'AI TOUT PIGÉ, FIRKIN, MAINTENANT... FEU! ZAP! ZAP! NIOUMM! KAPONK! ZAP!
HÉ, MAIS OÙ EST SALLY?
OH-ELLE A DIT QUE JE M'EN TIRAIS TRÈS BIEN ET ELLE M'A LAISSÉ LA VERSION GAMEBOY...
BEEP BEEP BEEP
JE SUIS ICI, FIRKIN! JASON NE VAUT RIEN, MAIS VOICI MARIO! IL EST SUPER!
VENEZ QUE JE VOUS PRÉSENTE MON AMI... C'EST UN HÉRISSON! IL A BEAUCOUP DE PIQUANT!
Hihihi! GÉNIAL!
Hmm... ON DIRAIT QU'IL LUI A CASSÉ LE CUL... CIAOOOO!!

F175-B

TRADO= CHRISTIANE-K
FIRKIN
©95 HUNT EMERSON & TYM MANLEY
BIEN! 3 HEURES! J'Y SERAIS! BIEN SÛR QUE JE VAIS M'EN SOUVENIR!
COMMENT VAIS-JE M'EN SOUVENIR?
KLIK
FAIS UN NOEUD... COMME ÇA TU N'OUBLIERAS PAS!
BONNE IDÉE! VIENS, FIRKIN - ALLONS CHERCHER MON COSTUME!
DEHORS, QUELQUES INSTANTS PLUS TARD...
OUPS! DÉSOLÉ, MON JOLI! HÉ - SI ON ALLAIT CHEZ MOI POUR BAISER?
...euh... OUAIS...
Hmm... ELLE A DU FINESSE, N'EST-CE PAS?
C'EST FLUVIA SHAW-DEFANTE, UN GRAND NOM DE LA MODE, CRÉATRICE DE LA ROBE-CAPE!
SALE
SCREECH!
VIENS, CHÉRI - SORS TON MATÉRIEL... HÉ! POURQUOI CE NOEUD À TON NOEUD?
...euh... JE DEVAIS ME SOUVENIR DE QUELQUE CHOSE...
JE FERAIS MIEUX DE LE DÉNOUER...
UNE RANGÉE DE CAPES-ROBES BRANCHÉES
CHERS LECTEURS, POUR VOUS ÉPARGNER LA VUE DU RÉPUGNANT PÉNIS DE BERNARD AUX MAINS DE LA CRÉATRICE DE LA CAPE-ROBE, NOUS LUI AVONS SUBSTITUÉ UN PUDDING ANGLAIS...
VOILÀ - C'EST DÉNOUÉ ...UN PEU TORDU ET BANCAL MAIS...
OUAH! IL S'EST RENOUÉ!
TWANG!
CETTE FOIS, TOI, TU DÉNOUES ET MOI JE LE FAIS DURCIR... ÇA DEVRAIT ENLEVER LES PLIS!
NON, CAR QUAND JE FAIS UN NOEUD, IL TIENT!
CAPES-ROBES
JE ME DEMANDE CE DONT JE DEVAIS ME SOUVENIR...
ENCORE DES FOUTUES CAPES-ROBES BRANCHÉES
OK! PRÊT! VIENS VITE, AVANT QU'IL NE SE RENOUE!
DE LA MERDE, NON? MAIS J'AI LE SENTIMENT QU'ELLES ONT UN RÔLE À JOUER DANS CETTE HISTOIRE - ALORS OUVREZ L'OEIL, LECTEURS!
F187-A

VOUS NE VOULEZ PAS VOIR ÇA, N'EST-CE PAS? ILS SONT EN TRAIN DE LE FAIRE...
OH! AH! OH! AH! OH! OH! AH! OH!
OH YES! YES!
OH! YES!
WOW
AH!
... ILS L'ONT FAIT!
OH! OH! OH!
RETOUR À L'ACTION LES AMIS.
MERDE! JE VIENS JUSTE DE ME SOUVENIR POUR QUOI ÉTAIT LE NOEUD! IL FAUT QUE JE SOIS À UN MARIAGE DANS DIX MINUTES! ET JE N'AI MÊME ÉTÉ CHERCHER MON COSTUME AU PRESSING!
OH! OUAH! C'ÉTAIT SUPER!
LAISSE MOI, FEMME! IL FAUT QUE JE SOIS À L'HEURE, C'EST VITAL!
WAAH!
CE N'EST PAS MOI, MEC! TA BITE BIZARRE S'EST ENCORE NOUÉE ET NE VEUT PAS SORTIR!
PERMETTEZ MOI DE VOUS EXPLIQUER LE PRINCIPE, AVEC L'AIDE À NOUVEAU DU PUDDING ANGLAIS TRADITIONNEL ET D'UNE CARAFE DE VERRE À LA FORME IMPROBABLE...
C'EST DIFFICILE À CROIRE MAIS BERNARD ARRIVE À L'HEURE À L'ÉGLISE, VÊTU D'UNE DE CES STUPIDES ROBES-CAPES!
MAIS COMMENT DIABLE ES-TU FRINGUÉ, BERNARD?
ME VOICI, CHARLOTTE - TROIS HEURES PILE!
C'EST UNE DE MES CAPES-ROBES BRANCHÉES, ALORS ATTENTION À C'QUE TU DIS, SALE PUTE!
QUOI??...
ALORS LÀ, J'AURAIS TOUT VU - SE MARIER EN COMMETTANT L'ADULTÈRE! OOOOH!
WHACK TART
OOF KICK! RRIP!
RRIP BITCH! BANG POW! SCRATCH
MIAM CIAOOO!!
F187-B

FIRKIN
HUNT EMERSON
and TYM MANLEY © 96
trado: CHRIS K.
ATTENTION! CHUTE!
C'EST GÉANT, CHARLOTTE.... UN PEU PLUS PRÈS DU BORD...
GÉNIAL, MAIS IL ME FAUT UN PEU PLUS DE SEXE! PEUX-TU LEVER LA JAMBE?
OK...
OUPS... AAAHHH!
BERNARD! COMMENT OSES-TU RIRE? TA DULCINÉE EST TOMBÉE DE LA FALAISE!
YOK YOK YOK
HIHI... MAIS NON, C'EST UN DÉCOR QUE J'UTILISE POUR DONNER DU PIQUANT À MES PHOTOS POUR LE STRIP DES COPINES! ELLE A TRAVERSÉ LE PAPIER ET...
...ET LA FENÊTRE DU 35ÈME ÉTAGE!
OH, MON DIEU!!
À L'AIDE!
TIENS BON, CHARLOTTE! ON VA JETER UNE CORDE ET JE GRIMPERAI DE LA FENÊTRE EN DESSOUS!
BERNARD, VIENS ME CHERCHER!
VITE, BERNARD! MES MAINS GLISSENT!
JE VAIS ATTACHER LA CORDE AUTOUR DE TA TAILLE!
MIAOUU!
A L'AIDE!
ARGH!
HÉ! C'EST QUOI CE VACARME?
F216-A

PUTAIN, MEC - ON EST AU 35ÈME ÉTAGE D'UNE TOUR, PRÊTS À PLONGER DANS LE VIDE!!
MAIS, MAIS... J'HABITE ICI!
MAIS NON... C'EST JUSTE UN DÉCOR POUR DONNER DU PIQUANT À MES PHOTOS POUR LE STRIP DES COPINES !
JE N'CROIS PAS MON VIEUX... C'EST QUE DU PLÂTRE, PAS PLUS DE 8 CMD'EPAISSEUR!
DIS DONC, TA MOUSMÉ A UNE BIEN JOLIE PAIRE DE NÉNÉS...
MERCI!
BONK
RAVI DE RENCONTRER UN COLLÈGUE! J'ÉTAIS JUSTEMENT EN TRAIN DE FAIRE QUELQUES PHOTOS EN EXTÉRIEUR....
QUEL RAVISSANT DÉCOR!
OH, LE JARDIN EST VRAI... MAIS J'UTILISE CETTE SILHOUETTE POUR DONNER DU PIQUANT... JE NE SUIS PAS MARIÉ, VOUS SAVEZ...
PHOTOGRAPHIONS TOUS LES DEUX CHARLOTTE!
MONTRE UN PEU TA CHATTE, LOLO!
AH! RIEN DE TEL QUE LA RÉALITÉ!
ATTENTION, LE CIEL TOMBE!
ET BIEN... IL EST VRAIMENT TOMBÉ!!!
CIAOOOOO!!
MOI, MENTIR?
F216-B

HUNT EMERSON AND TYM MANLEY ©96

Plus, Franck ! J'en veux plus !!
Aide-moi, Firkin ! Ça devient ridicule !
Hmm...
Attends - J'ai une idée... J'appelle un type que je connais..
Allo - Antoine ? J'ai besoin de ton aide...
Maintenant, je bricole un petit aménagement...
GRRZZZZZ
Tu sais, je crois que ça va marcher, Firkin !
Plus tard...
... J'ai pensé que tu aimerais essayer ce nouveau vibromasseur, chérie !
OK, démarre !
Ooooh ! Franck ! Ça tourne !
WHIZZZ
LARGUEZ !
OOOOOOHHH!!! OOUAAiiiiSSSS!!! WWOOOOOOWW!!
VRAAM !
Merci, Firkin ! Je vais pouvoir lire mon Psikopat en paix !
A ton service ! Ciaoooo !!
F215-B

FIRKIN
HUNT EMERSON & TYM MANLEY ©94
UN APRÈS-MIDI TRANQUILLE AU CAFÉ DE MAFF...
CRASH
OPEN
THÉ
MON MARI ME TRAITE DE PUTE ALORS JE VAIS ME CONDUIRE COMME UNE PUTE!
JE SUIS ENDUITE DE GRAISSE ET PRÊTE À ÊTRE ATTRAPÉE, LES GARS!
GENTS
ATT-RAPEZ-LA!
ELLE EST GLISSANTE!
OUAH! ELLE S'EN VA!
SLITHER
SPLOSH!
THÉ
EGG CHIPS
FISH + CHIPS
SAUSAGE + CHIPS
THÉ
ARRIÈRE, JE VAIS LA SAUVER!
JE SUPPOSE QUE JE F'RAIS MIEUX D'Y ALLER AUSSI...
SPLOP
UNE HEURE PLUS TARD...
CONTINUE À NAGER, FIRKIN! ELLE N'EST PAS LOIN-JE PEUX SENTIR LE CHANEL N°5 DANS LE THÉ!
NOUS AVONS NAGÉ DES KILO-MÈTRES!

ET COMME DE JUSTE...
≡crache·tousse≡ REGARDE! ELLE EST LÀ! ET ELLE PLEURE! HÉ, QU'EST-CE QU'IL Y'A, MA BELLE?
≡sniff≡ JE SUIS INUTILE! JE NE PEUX MÊME PAS FAIRE LA PUTE CORRECTEMENT!
OH, ALLEZ ...JE TE DONNERAI UN BILLET DE 500 FRANCS POUR UN P'TIT COUP ICI ET MAINTENANT!
OU EST-CE QUE TU VAS TROUVER UN BILLET ICI, BERNARD?
HÉ, TU N'AS JAMAIS LU "PAPILLON"?
BEURK! NON, MERCI! GARDE TON BILLET, TU POURRAS L'UTILISER CHEZ TOI...
HÉ LÀ, VOUS NE POUVEZ PAS RESTER ICI À TOUT SALOPER AVEC VOS COCHONNERIES... VENEZ DANS L'ASCENSEUR!
FLUP
WHIRRRR
CLUNK!
BON SANG! QU'EST-CE QUE C'EST QUE TOUT ÇA?
L'USINE CENTRALE DE PRODUCTION DE THÉ NATIONALE, MEC! D'ICI, NOUS APPROVISIONNONS TOUS LES BOUIBOUIS D'ANGLETERRE VIA NOTRE RÉSEAU NATIONAL DE PIPELINES!
LE LIQUIDE FOURNI PAR L'OFFICE NATIONAL DE VESPASIENNES EST TIÉDI PAR LA COMBUSTION DES ORDURES MENAGÈRES DE L'AGENCE NATIONALE DES ÉGOUTS, ENRICHI DE QUELQUES DÉCHETS SÉLECTIONNÉS PAR LA COMPAGNIE NATIONAL DE COLLECTE DES REBUTS!
OUI, OUI, MAIS LE THÉ?
AH, LE THÉ! TOUTES LES VINGT MINUTES, NOUS TREMPONS UN SACHET DE 200 TONNES DE THÉ!
200 TONNES DE THÉ TOUTES LES 20 MINUTES? EST-CE QUE CE N'EST PAS DU GASPILLAGE?
NOOON, MON GARS... NOUS UTILISONS LE MÊME SACHET DEPUIS 1979!
AH, OUI! DU VRAI THÉ ANGLAIS! CIAOOO!!
PAS VRAIMENT BEAUCOUP DE SEXE DANS CETTE HISTOIRE, HEIN, MANLEY?
NON... JE CROIS QU'ILS METTENT DU BROMURE DANS LE THÉ...
SCRIPT
F186-B

Tous les albums du Psikopat

Carali YAHOGA
LES CRÉTINS SONT DES ABRUTIS
AMÉDÉE BILL EST UN HÉROS
MARIE-PAULE EST ROMANTIQUE
PARANO
LES CONTES D'UN CONTEUR tome 1
LES CONTES D'UN CONTEUR tome 2
DESTINS ORDINAIRES

R. Crumb MYSTIC FUNNIES

Édika OUGL
BALOUZA

Emerson FIRKIN si les trous du cul volaient…

Herlé MONGOLUS PARADISE
LA VIE DES VIEUX

Hugot LES DEUX MECS ET LA PRINCESSE

Ivars SUICIDES DE MÉNAGE
BONHEURS MÉLANCOLIQUE
LAISSEZ-NOUS VIVRE !

Lerouge GROS NOËL EST UNE ENFLURE
GROS NOËL ET LES FEMMES
GROS NOËL FAIT DANS LA DENTELLE

Corcal LES DÉTERRÉS

Katou BOB TORNADE agent spécial au F.B.I.

Ouin BLOODI/C'EST LES RATS
BLOODI/LES RATS PASSENT

Pichon À TOI POUR LA VIE

Rifo HIROSHIMAN
HIROSHIMAN SAUVE LE MONDE

Shelton QUI PORTE LA CULOTTE ICI ?

Ka/Édika BIOUTIFOUL WEURLD

Recueil Psikopat (Recueil du mensuel, du 1 au 8)

Éditions du Zébu - 43/73 rue de l'Évangile - CP 91 - 75886 Paris cedex 18 - tel 01 40 38 97 98 - fax 01 46 07 60 36 - Dépôt légal 2e trimestre 1999 - ISBN 2-908806-22-3 - Diffusion France : *Anthracite* tel 01 46 22 28 10 - Suisse : *Dargaud Suisse* tel 021 653 25 41 - Belgique : *Paradiffusion* tel 02 648 14 30 - Imprimé par Édimpra tel 01 53 35 87 50 -